LA
JEUNE HOTESSE,

COMÉDIE

EN TROIS ACTES, EN VERS,

Par le citoyen CARBON-FLINS.

Représentée pour la première fois, à Paris, sur le théâtre de la République, le 24 décembre 1791, vieux style. Remise au théâtre le 17 frimaire, an 3.

———————

A PARIS,

Chez BARBA, libraire, Palais du Tribunat, galerie derrière le Théâtre Français de la République, nᵒ. 51.

AN X. (1802.)

PERSONNAGES.   ACTEURS.

PERSONNAGES	ACTEURS
CAROLINE, jeune hôtesse.	Mme *Candeille.*
DURMONT.	*Grandmesnil.*
FABRICE, premier garçon de l'hôtel.	*Monvel.*
EDOUARD, valet-de-chambre de Durmont.	*Dugazon.*

La scène est à Francfort, et se passe dans une salle de l'hôtel.

LA
JEUNE HOTESSE,
COMÉDIE.

ACTE PREMIER.

SCENE PREMIERE.
CAROLINE, FABRICE.

FABRICE.

Et je n'ai pas raison.

CAROLINE.

Moi ? je n'ai jamais tort.

FABRICE.

Ne puis-je pas du moins me plaindre de mon sort ?

CAROLINE.

A ne vous plaindre pas , qui pourrait vous contraindre ?
Les hommes ont toujours du plaisir à se plaindre.

FABRICE.

Est-ce pour son plaisir que l'on est malheureux ?
J'ai servi votre père ; et ses soins généreux ,
De Fabrice orphelin ont élevé l'enfance :
Il se loua vingt ans de ma reconnaissance ;
Il m'aimait comme un fils , non comme un serviteur ,
Même il m'avait permis de vous nommer ma sœur.
Ne vous souvient-il plus qu'à son heure dernière ,
Quand la mort était prête à femer sa paupière ,
Il m'appelle , et me dit : Tu m'as servi long-tems ,
Je voudrais bien payer des travaux si constans :
Je suis pauvre , et ma fille est toute ma famille ;
Reçois donc tout mon bien en acceptant ma fille.

Le prix était trop doux, et je tàchai du moins
De m'en rendre plus digne. Ah ! j'ai perdu mes soins ;
L'espoir m'échappe enfin : votre cruelle adresse,
D'un père tous les jours fait mentir la promesse.

CAROLINE.

Je suis fort difficile, et veux que mon époux
Soit tendre, soit fidèle, et ne soit point jaloux.

FABRICE.

Vous êtes exigeante. Et puis-je être tranquille,
Tandis que votre accueil, toujours doux et facile,
Me désole, et vous fait, dans chaque voyageur
Qui loge en cet hôtel, voir un adorateur ?

CAROLINE.

Il faut dans mon état un souris qui caresse :
On se plaît dans l'hôtel, quand on aime l'hôtesse.

FABRICE.

Vous les encouragez dans leurs prétentions.

CAROLINE.

Croyez que pour cela, j'ai toujours mes raisons.

FABRICE.

Quoi ! ce jeune Français, si fat, si ridicule,
Dont vous vous moquiez même avec peu de scrupule,
Qui sut à vos regards le rendre intéressant ?
Le cœur peut-il ainsi changer en un moment ?

CAROLINE.

Eh ! change-t-on de cœur, en changeant de manières ?
Mais Fabrice, après tout, sont-ce là vos affaires ?
Je devrais me fàcher de cette question.

FABRICE.

Eh bien ! fàchez-vous, soit.

CAROLINE.

Non, mon cher Fabrice, non ;
Je veux de mes secrets vous faire confidence,
Car je suis aujourd'hui dans mon jour d'indulgence.

FABRICE.

Il faut en profiter.

CAROLINE.

Et vous ferez fort bien,

Car je réponds du jour , et non du lendemain.

FABRICE.

Voyons donc ?

CAROLINE.

Vous savez que le jeune Fierville ,
Avec beaucoup de bruit s'annonça dans la ville ;
Il crut que dans Francfort , tout le beau sexe épris ,
Ne pourrait résister aux graces de Paris :
Il faisait en amour des châteaux en Espagne ;
Moi , je voulus venger l'honneur de l'Allemagne.
Mon front , à son aspect se couvrit de rougeur ;
Mes yeux semblaient chercher e tcraindre leur vainqueur.
Chaque jour dans mon trouble il voyait son ouvrage :
Ma fuite enfin l'attire , et mon refus l'engage ;
C'est où je l'attendais. Il devient amoureux ,
Et quand je le vois pris autant que je le veux ,
Je quitte tout-à-coup mon air tendre et timide ;
Je marche à découvert : ma franchise perfide
Lui dit devant témoins : *Je me moquais de vous.*
Il demeure interdit ; je redouble mes coups.
Je conte l'aventure , et suis inexorable.
Le héros de Francfort en est bientôt la fable.
Je préservai par-là tous ces jeunes objets ;
Dont il aurait trompé les innocens attraits.
N'ai-je pas fait , Fabrice , un chef-d'œuvre en morale ?

FABRICE.

Et ne craignez-vous pas le bruit et le scandale !

CAROLINE.

On ne redoute rien quand on a résisté.
Cet homme si fameux , ce vainqueur redouté ,
S'il livre à ses bons mots les beautés trop sensibles ,
Garde bien le secret aux femmes invincibles.
Vous ne répondez rien ?

FABRICE.

Non , non , je suis à bout.

CAROLINE

Quoi ! de l'humeur encore ? qui peut vous fâcher ?

FABRICE.

Tout.

Il n'est point d'étranger qui, trompé par vos charmes,
A mon sensible cœur n'ait couté quelques larmes ;
Et jusqu'à ce banquier, si brusque et si grondeur,
A qui, dit son valet, les femmes font horreur,
Par-tout montré du doigt, pour sa rudesse extrême,
Vous prétendez aussi qu'à la fin il vous aime.

CAROLINE.

Ne me défiez pas : vous m'y faites songer.
Celui-là me manquait. Qu'il est doux d'engager
L'homme que jusqu'alors n'a soumis nulle femme,
D'avoir les premiers droits qu'on ait eus sur son ame,
Et de tenir captif en des liens secrets,
Celui qui de l'amour rompit tous les filets !
C'en est fait, et comptez sur la reconnaissance
Qu'on doit à des avis d'une telle importance :
Moi, je n'y songeais pas ; mais j'ai de vrais amis,
Et leurs sages conseils seront bientôt suivis.

FABRICE.

Ainsi vous méprisez les volontés d'un père ?

CAROLINE.

Non pas, je vous estime, et votre amour m'est chère ;
Mais je suis jeune encore, et crains de m'engager.
De mes défauts, un jour, je veux me corriger :
Aujourd'hui, je le sens, je suis un peu coquette ;
Je vous épouserai quand je serai parfaite.

SCENE II.

FABRICE, seul.

Méchante ! quel est donc ton pouvoir pour charmer ?
Plus elle me désole, et plus il faut l'aimer !
Mais je m'alarme trop de maux que je redoute :
Qui badine avec tous, n'en aime aucun sans doute.
J'en serai quitte encor pour de vaines frayeurs ;
Car enfin, mes rivaux sont tous des voyageurs :
Leur amour passager ne peut m'être funeste,
Ils arrivent, je tremble ; ils partent, et je reste.

SCENE III.

FABRICE, EDOUARD.

EDOUARD.

Mon maître est-il rentré?

FABRICE.

Non, je ne l'ai pas vu.

EDOUARD.

Eh quoi! monsieur Durmont...

FABRICE.

Il n'est pas revenu.

EDOUARD.

Vous êtes honnête homme, au moins, monsieur Fabrice.

FABRICE.

Vous ne me flattez pas en me rendant justice.

EDOUARD.

J'ai le cœur très-sensible, et vous sais gré, vraiment,
D'avoir logé mon maître en cet appartement.

FABRICE.

C'était le seul vacant; j'ignore, en conscience,
Comment cela me vaut de la reconnaissance.

EDOUARD.

Et moi, je le sais bien.

FABRICE.

Daignez prendre le soin
De m'expliquer...

EDOUARD.

Il faut remonter d'un peu loin.
Depuis plus de dix ans j'appartiens à mon maître,
Et j'eus, vous le voyez, le tems de le connaître.
De le former, mon cher, j'essayai vainement,
Car il ne put jamais quitter l'air allemand.
Pour faire tous les jours de nouvelles conquêtes,
Il prodiguait alors les festins et les fêtes:
De deux originaux présentant le croquis,
Gauche comme un baron, et fat comme un marquis,
D'Allemagne à Paris, il venait, trop crédule,

Echanger son argent contre le ridicule.

Son air brusque, et son ton, portaient par-tout l'ennui ;

On goûtait sa dépense, en se moquant de lui.

Moi, pendant ce tems-là, je faisais mes affaires,

Et je gagnais autant que quatre secrétaires.

J'ordonnais les soupers ; j'achetais les bijoux ;

Je meublais la maison qui sert au rendez-vous.

J'avouerai qu'à cela je trouvais bien mon compte ;

J'avançais mon argent, mais je prenais l'escompte.

C'était-là le bon tems, il a trop peu duré.

Mon maître, tout-à-coup, dans un piège attiré,

S'apperçoit qu'il est dupe : il éclate avec rage,

Se livre sans retour à son humeur sauvage.

De son erreur première enfin désabusé,

Il prend pour la sagesse un travers opposé ;

Il vit depuis cinq ans pensif et solitaire :

Au nom seul d'une femme, il se met en colère.

Je gagne peu d'argent, et j'ai beaucoup d'ennuis ;

Avec l'amour, j'ai vu s'envoler mes profits.

FABRICE.

Je ris de ce récit et naïf et facile,

Mais sans trop voir en quoi j'ai pu vous être utile.

EDOUARD.

Or, le voici.

FABRICE.

Fort bien.

SCENE IV.

LES PRÉCÉDENS, CAROLINE, *se tient derrière.*

EDOUARD.

Nous arrivons ici,

Tous les appartemens de cet hôtel garni

Se trouvent occupés ; mais l'hôtesse polie

Nous a cédé le sien. Elle est, ma foi, jolie.

CAROLINE, *à part.*

Je puis tirer parti, je crois, de l'entretien.

FABRICE.

Il n'importe.

EDOUARD.

Il importe, et vous le verrez bien.

FABRICE.

Voyons, achevez donc.

EDOUARD.

Souvent la jeune hôtesse
Entre et sort sans façon, passe et revient sans cesse,
Car sa harpe est encor dans cet appartement.
Elle cherche une robe, et tantôt un ruban :
Or, mon maître la voit, et jamais il ne jure ;
Il la voit tous les jours sans lui dire une injure.
De-là je conjecture, (et ce sont tous mes vœux,)
Que mon maître en pourrait devenir amoureux.
Alors nous désertons le hameau solitaire,
Et nous prenons Francfort pour séjour ordinaire.
Je meuble de nouvau la petite maison :
Mes profits vont renaître : en cette occasion,
Si Fabrice me rend ici de bons offices,
Je prétends avec lui, partager les épices.

FABRICE.

(*Caroline éclatte de rire.*)

Insolent ! — Quoi ! c'est vous ?

CAROLINE, *à Fabrice.*

Oh ! je ris de bon cœur :
Edouard a de l'esprit, et vous beaucoup d'humeur.

EDOUARD.

Vous avez entendu ce que j'ai dit ?

CAROLINE.

Sans doute,
Car il faut bien entendre, alors que l'on écoute.

EDOUARD.

Et vous avez trouvé...

CAROLINE.

Que vous êtes charmant ;
Mais que vous avez pris un triste confident.
Une autrefois, Edouard, quand vous voudrez qu'on aime

B

Il faut, tout bonnement, s'adresser à moi-même.

EDOUARD.

Je n'y manquerai pas ; c'est, je vous le promets,
Concilier mon goût avec mes intérêts.
Un carosse : écoutons... ce pourrait fort bien être
Monsieur Durmont ; je cours au-devant de mon maître.

SCENE V.

CAROLINE, FABRICE.

CAROLINE.

Vous parliez tout-à-l'heure, et vous parliez si bien !
Qui peut vous arrêter ? renouons l'entretien.
Vous paraissez rêveur ?

FABRICE.

A peine je respire.

CAROLINE.

Vous ne me dites rien.

FABRICE.

J'en aurais trop à dire.

(il sort.)

SCENE VI.

CAROLINE, seule.

Fabrice est en courroux, mais il s'appaisera :
Il s'en va ce matin, ce soir il reviendra.
Moi, de le désoler j'ai bien quelques scrupules ;
Mais les hommes aussi, sont par trop ridicules.
D'abord avant l'hymen, serviteurs exigeans ;
Bientôt après l'hymen, possesseurs négligeans ;
Despotes sans pitié : je crois en conscience
Qu'il est assez prudent de se venger d'avance :
Se venger ? de qui ? non, je n'ai pas ce dessein,
Car j'ai le cœur très-bon, avec l'esprit malin.
Fabrice, oui, je l'aime, et hais sa jalousie ;
Je veux, en l'éprouvant, me montrer son amie,
Corriger mon amant pour en faire un époux,
Et jouer un bourru, pour guérir un jaloux.

SCENE VII.

DURMONT, CAROLINE.

DURMONT, *à Edouard.*

Il suffit : va-t-en voir si je n'ai pas de lettre.

(*Caroline fait la révérence à Durmont.*)

Que voulez-vous ?

CAROLINE.

Monsieur veut-il bien me permettre
De venir en sa chambre , où j'ai souvent besoin ?

DURMONT.

De me le demander , vous n'avez pas pris soin :
Jusqu'alors , ce scrupule est tardif à paraître.

CAROLINE.

Je crains d'être importune.

DURMONT.

Oh ! cela pourrait être
Si j'y regardais ; mais soyez ici , là-bas ,
Parlez ou taisez-vous , je n'y regarde pas.

CAROLINE.

Cependant...

DURMONT.

C'est assez.

CAROLINE, *à part.*

Cet homme est laconique ;
Mais l'obstacle m'irrite , et son humeur me pique.

SCENE VIII.

DURMONT, CAROLINE, EDOUARD.

DURMONT.

Le courier ?

EDOUARD.

Cette lettre est pour monsieur Durmont.

DURMONT.

Donne ; c'est de Belfort. Voyons , que m'apprend-on ?

(*Il lit.*) » Monsieur de Foret est mort... »

C'était mon viel ami ; ma douleur est sincère ,
Il avait un cœur droit, un noble caractère.
Un fripon meurt à peine après quatre-vingts ans ;
Mais les honnêtes gens ne vivent pas long-tems.

   (*Il lit.*) « Tout le monde le regrette ; sa femme seule ne
   » paraît pas inconsolable. »

Je le crois aisément. Malheureux ! à son âge
Se charger d'une femme , était aussi peu sage ;
Il mourut des chagrins qu'elle fit essuyer ,
Et voilà ce que c'est que de se marier.

   (*Il lit.*) « Il ne laisse qu'une fille. »

Le sort à mon ami , jusqu'au bout est contraire.
Un fils eût hérité des qualités du père ;
Un fils de ses vertus eût transmis le trésor :
Mais il n'a qu'un enfant... c'est une fille encor.

   (*Il lit.*) « Elle a beaucoup de bien. »

A plus d'extravagance il saura l'engager.

   (*Il lit.*) « Je lui cherche un mari. »

A-t-il quelqu'ennemi dont il veut se venger ?

   (*Il lit.*) « Sa famille et moi , nous avons jeté les yeux
   » sur vous. »

J'aurais donné pour lui ma fortune ; et l'infame ,
Pour prix de tant de soins , me propose une femme !
Trop simple , à l'amitié j'ai cru jusqu'à ce jour ;
Mais l'amitié trompeuse est semblable à l'amour.

   (*Il lit.*) « Réponse. » (*il déchire la lettre.*)
Tiens , la voilà.

CAROLINE.

   Monsieur , elle est facile à faire :
Vous laissez peu d'ouvrage à votre secrétaire.

   (*à part.*)
Je prétends qu'il réponde.

DURMONT.

   On peut vous dispenser
De vos réflexions.

CAROLINE.

Mais...

DURMONT.

   Faites-moi passer.

Un livre qui m'amuse, et non pas qui m'applique :
Allez.

CAROLINE.

(à part.)   (haut.)
Il répondra. J'obéis sans replique.

SCENE IX.

DURMONT, EDOUARD.

EDOUARD.

Vous la traitez fort mal.

DURMONT.

C'est qu'elle est sans façons ;
Elle eût voulu, je crois, me donner des leçons.

EDOUARD.

Monsieur, vous désolez votre valet fidèle.

DURMONT.

Comment ? as-tu reçu quelque triste nouvelle ?
Tu me connais : as-tu besoin de mon secours ?
Voici ma bourse ; prends.

EDOUARD.

Je l'accepte toujours :
Refuser vos présens serait une insolence
Que je n'aurai jamais. J'ai de la conscience.
Mais le défaut d'argent ne fait pas mon malheur :
Mais maux sont plus aigus, puisqu'ils partent du cœur :
Je souffre des erreurs des personnes que j'aime.

DURMONT.

Et qui te fait souffrir par ses erreurs ?

EDOUARD.

Vous-même :
Vous êtes jeune encore, et vous avez du bien ;
Mais vivre seul, c'est vivre en mauvais citoyen.
Soit que vous habitiez la ville ou la campagne,
Vous n'êtes jamais seul avec une compagne ;
Tantôt on vient pour elle, et c'est tantôt pour vous.

DURMONT.

Oui, l'on vient pour madame, et jamais pour l'époux.

C'est acheter trop cher l'honneur d'avoir du monde ;
Si je suis seul, au moins personne ne me fronde,
Et quand on vient me voir, ou vient soujours pour moi.

EDOUARD.

On peut, malgré madame, être maître chez soi ;
Et d'ailleurs on vieillit, vous l'avez dit vous-même :
Il faut des successeurs ; et quel plaisir extrême
De s'entourer d'enfans qui nous doivent le jour !

DURMONT.

Non, rien ne fléchira ma haine pour l'amour.

EDOUARD.

Mais l'amour paternel.

DURMONT.

J'en conviens.

EDOUARD.

Il vacille.

DURMONT.

Oui, j'envierais le sort d'un père de famille.
Ah ! combien j'aimerais tous ces jeunes amis,
Mes enfans, en un mot, (bien entendu des fils) :
Que cette idée est douce et me pénètre l'ame !

EDOUARD.

Tout cela cependant, ne se peut pas sans femme.

DURMONT.

Les bons cœurs, Edouard, ne sont point isolés ;
Il est des malheureux, par le sort accablés :
En corrigeant pour eux la fortune contraire,
J'aurai des enfans, oui, mais sans avoir d'épouse.

EDOUARD, à part.

Il est incorrigible, et restera garçon,
Et moi par contre-coup. Cependant, que sait-on ?
Né sensible, un rien peut réveiller sa tendresse,
Et j'espère beaucoup de notre jeune hôtesse.
Bon, la voici ; filons.

(Il sort.)

SCENE X.

DURMONT, CAROLINE.

CAROLINE.

Il a l'air courroussé ;
Mais je veux que bientôt il soit apprivoisé.

DURMONT.

C'est un parti bien pris. Qui vient là ?

CAROLINE.

Caroline.

DURMONT.

Et que me voulez-vous.

CAROLINE.

Moi, rien qui vous chagrine.
Des livres, disiez vous, je viens les apporter.

DURMONT.

Le prix ?

CAROLINE.

Rien.

DURMONT.

Il fallut pourtant les acheter ?
Les acheter, monsieur, était fort inutile,
Lorsque j'en ai chez moi, sans envoyer en ville.

DURMONT.

Madame est bel esprit.

CAROLINE.

Je n'ai pas ce travers.
Mes parens m'ont donné quelques talens divers ;
Ils avaient avec soin élevé mon enfance :
Un revers tout-à-coup leur ôta leur aisance.
Je me livre au travail jusqu'alors inconnu,
J'oubliai tout le reste, et je n'ai retenu
Qu'une seule maxime en tout temps nécessaire ;
Il faut à son état plier son caractère.

DURMONT.

Vous êtes philosophe, à ce que je vois.

CAROLINE.

Non.

On l'est bien rarement, lorsqu'on en prend le nom.

DURMONT.

Vos livres? Un roman bien fou, bien gigantesque ;
Car vous devez avoir la tète romanesque,
Un esprit exalté. Voyons.

CAROLINE.

Et jugez moi....

DURMONT.

A la rigueur.

CAROLINE.

Tant mieux !

DURMONT.

« Satyres centre les femmes :
» De l'antipathie contre l'amour. »

Vous vous moquez, je crois :
Contre l'amour? C'est-là...

CAROLINE.

Ma lecture ordinaire.

DURMONT.

Vous voulez me tromper.

CAROLINE.

Caroline est sincère.

DURMONT.

Vous méprisez l'amour ?

CAROLINE.

Moi? je ne conçois pas
Que d'aussi peu de chose on puisse faire cas ;
Il est si rarement compagnon de l'estime !
Dans celui qu'il enflamme, il punit sa victime ;
Il nous faut, consumés de remords, de desirs,
Souffrir de ses rigueurs, rougir de ses plaisirs.
Je ne suis pas jolie, et ne suis pas aimable,
Mais lorsque l'on est jeune, on est toujours passable.
Quelques amans aussi, m'ont adressés leurs vœux ;
J'ai vu, sans m'émouvoir, leurs transports amoureux.
J'aurais pu, pour époux, prendre un homme estimable ;
La liberté, toujours, me parut préférable.

DURMONT.

C'est le plus grand des biens.

CAROLINE.

Et que l'on perd souvent,
Quand on n'y pense pas.

DURMONT.

Et toujours sottement.

CAROLINE.

Et les hommes sur-tout... La fausseté des femmes...
Est-ce à moi, cependant, de médire des dames ?

DURMONT.

Vous êtes la première, il en faut convenir.

CAROLINE.

C'est que je vois ici tant de monde venir,
Tant de sentimens feints, de faciles conquêtes,
Tant de femmes d'esprit, et tant d'hommes si bêtes !

DURMONT, *à part*

Elle est originale.

CAROLINE.

A la fin, je pourrais
Vous ennuyer : je pars.

DURMONT.

Non, je vous le dirais ;
Vous m'amusez beaucoup.

CAROLINE.

Je parle sans contrainte :
Mon cœur, auprès de vous, né ressent point la crainte ;
Près des autres, au moins, je prends plus garde à moi.

DURMONT.

Comment ?

CAROLINE.

Vous le voyez, je suis de bonne-foi.
Avec les étrangers dont cet hôtel abonde,
J'étais comme avec vous, j'écoutais tout le monde.
Sans conséquence, moi, je riais avec eux :
Eux, sérieusement, devenaient amoureux.

DURMONT, *la lorgnant.*

Est-il possible ? C'est que vous êtes jolie.
Amoureux d'une femme ?

C

CAROLINE.

Ah ! voyez la folie.

DURMONT.

Sur le champ, Caroline, ils vous faisaient la cour ?

CAROLINE.

Arrivés le matin , le soir ivres d'amour.

DURMONT.

S'ils avaient su combien l'amour cause de peines...

CAROLINE.

Fatal aveuglement !

DURMONT.

O faiblesse humaines !

CAROLINE.

Avec vous , je n'ai point à redouter cela.

DURMONT.

Oui , je vous promets bien de n'en pas venir là.

CAROLINE.

Rien ne trouble pour vous ma douce confiance :
Vous pouvez m'assurer...

DURMONT.

De mon indifférence.

CAROLINE.

C'est charmant : le bonheur est dans la liberté ;
Heureux le cœur sensible en sa simplicité.
L'innocente amitié ne coûte pas de larmes :
Un nuage jaloux n'obscurcit point ses charmes.
Vous me verrez toujours , prête de vous servir ,
A tout ce qui vous plaît m'empresser d'obéir :
Vous ne pourrez pourtant penser que je vous aime ,
Je n'aurai point l'orgueil de le craindre moi-même.

DURMONT, *à part.*

Elle a je ne sais quoi, qui ne ressemble à rien.

CAROLINE, *à part.*

Il est près du filet , et je l'y tiendrai bien.

(*haut.*)

Je vous quitte.

DURMONT.

Déjà ?

CAROLINE.

Je ne puis davantage
Demeurer, et je vais aux soins de mon ménage.

DURMONT.

C'est un soin estimable.

CAROLINE.

Et je vous enverrai
Un garçon de l'hôtel.

DURMONT.

Je le congédierai ;
Il faut mieux revenir vous-même.

CAROLINE.

Je suis aise
De voir que maintenant ma présence vous plaise.

DURMONT.

Vous me déplaisez moins que tout autre.

CAROLINE.

Et pour moi,
C'est tout ce que je veux.

SCENE XI.

DURMONT, *seul.*

J'aime sa bonne-foi.
Caroline eût vraiment fait un fort galant homme :
Il est vrai qu'elle est femme, et ce nom-là m'assomme ;
Mais je veux l'oublier ; et pendant mon séjour,
Avec elle, souvent, pester contre l'amour.

Fin du premier Acte.

ACTE II.

SCENE PREMIÈRE.

DURMONT, FABRICE, *fait apporter sur la scène une table servie.*

FABRICE.

Le dîner est tout prêt.

DURMONT.

Edouard me l'a dit.
Sais-tu que Caroline a vraiment de l'esprit ?

FABRICE.

Et croyez-vous m'apprendre une chose nouvelle,
A moi qui, dès l'enfance, ai demeuré près d'elle ?

DURMONT.

Sais-tu qu'elle n'a point de ces airs indiscrets,
Qui font haïr son sexe à tous les cœurs bien faits ?
Qu'elle est douce, polie, et point du tout coquette ?

FABRICE.

C'est un peu fort.

DURMONT.

Non pas : Caroline est parfaite,
Sage....

FABRICE.

Pour sage, monsieur, j'ai lieu de le penser ;
Et je le crois si bien, que je vais l'épouser.

DURMONT.

L'épouser ?

FABRICE.

Oui, monsieur.

DURMONT.

L'extravagance est bonne :
Elle n'épousera.....

FABRICE.

Quoi !

DURMONT.

Ni toi, ni personne.

FABRICE.

Caroline m'est chère, et m'a donné sa foi.

DURMONT.

Caroline aime à rire, et se moque de toi.

FABRICE.

Mais, monsieur...

DURMONT.

Mais, Fabrice, est-tu donc assez bête
Pour t'être pu flatter d'une telle conquête ?
Caroline amoureuse ! On ne la connaît pas.
Plus riche de vertus, que brillante d'appas,
Elle prendre un mari !

FABRICE, à part.

Monsieur Durmont s'enflamme.

DURMONT.

C'est tout comme si, moi, je prenais une femme ;
Cela ne sera pas.

FABRICE.

Cela me semble un peu fort.

DURMONT.

Oui, nous pensons de même, et nous sommes d'accord.

FABRICE.

D'accord !

DURMONT.

Absolument.

FABRICE.

Quel projet est le vôtre ?

DURMONT.

Laisse-moi : c'est assez.

FABRICE.

En voici bien d'un autre.

SCENE II.

DURMONT, seul.

Le sot ! J'étais, ma foi, tout prêt de me fâcher.
Où la fatuité va-t-elle se nicher ?
Oui, ma délicatesse en ce point est extrême ;
Je ne l'aime pas, mais je ne veux pas qu'on l'aime.

SCENE III.

DURMONT, EDOUARD.

EDOUARD, *à part.*

Je crois que mon projet pourrait bien réussir.
Le farouche Durmont semble un peu s'adoucir :
Le voilà seul; fort bien : tâchons, avec adrese,
D'éveiller son penchant pour notre jeune hôtesse.

(*haut.*)

Francfort me plaît beaucoup : l'agréable séjour !
La liberté, la paix, et sur-tout point d'amour.
C'est après le château qu'habite mon cher maître,
Le pays le plus beau, le plus doux à connaître.

DURMONT.

Tu parle seul, Edouard ?

EDOUARD.

Eh ! monsieur, vraiment oui ;
Je me félicitais de me trouver ici.
Dans cet hôtel garni, tout me semble à merveille,

DURMONT.

Je le crois ; car à tout, la jeune hôtesse veille.

FABRICE.

Non pas également ; mais ses soins sont touchans
Pour ce qui vous regarde, et même pour vos gens.
Nous faisons bonne chair, et pour nous rien ne coûte :
Je crois qu'elle a pour vous de l'amitié.

DURMONT.

Sans doute.

Je lui dis brusquement, sans lui déguiser rien,
Un grand mal de son sexe; elle m'en dit du mien.
Peut-on, après cela, n'être pas bien ensemble ?

EDOUARD.

Cela n'est pas possible, en vérité.

SCENE IV.

DURMONT, EDOUARD, CAROLINE.

CAROLINE.

Je tremble

D'approcher.

DURMONT.

Moi, je suis charmé de vous revoir.

CAROLINE.

Je me rassure un peu. Je venais pour savoir
Si vous êtes content des mets de votre table.

DURMONT.

Très-content.

CAROLINE.

Rien ne peut m'être plus agréable.
Aimez-vous ce ragoût ?

DURMONT.

Je ne l'ai point goûté.

(*il en mange.*)

CAROLINE.

Comment le trouvez-vous ?

DURMONT, *après l'avoir goûté.*

Très-bon, en vérité.

CAROLINE.

Vous allez me donner de l'orgueil.

EDOUARD, *à part.*

Quel dommage !

DURMONT.

De l'orgueil ! comment donc ?

CAROLINE.

En louant mon ouvrage.

DURMONT.

C'est vous ?

CAROLINE.

Fallait-il donc s'en rapporter aux gens ?
Je les connais ; ils sont brouillons ou négligens.
J'ai voulu m'assurer qu'avec un soin extrême,
Un mets fût aprêté ; je l'aprêtai moi-même.

DURMONT.

Je veux y faire honneur : mais c'est trop de bontés.

CAROLINE.

Daignez-vous pardonner à ma sincérité ?

SCENE V.

LES PRÉCÉDENS, FABRICE.

FABRICE.

Mademoiselle ?

CAROLINE.

Eh bien ?

FABRICE.

On vous cherche à l'office ;
Dans la salle, par-tout : enfin le sort propice
Dans cet appartement a dirigé mes pas ;
Mais je n'aurais pas cru vous y voir.

DURMONT.

Pourquoi pas ?

CAROLINE.

Après ? que me veut-on ?

FABRICE.

Depuis une grande heure
Nous vous attendons tous : venez.

DURMONT.

Quelle demeure.

(à Caroline.)

Vous n'avez pas, je pense, encore dîné ?

CAROLINE.

Non.

DURMONT.

Eh bien ! vous dînerez avec moi, sans façon.

(à Edouard)

Un couvert.

CAROLINE.

Mais, monsieur...

DURMONT.

Bon ; mettez-vous à table.

FABRICE, en s'en allant.

Que cela dure encore, et je me donne au diable.

il sort.)

SCENE VI.

DURMONT, CAROLINE, EDOUARD.

DURMONT.

Il est très-mécontent : et je crois, entre nous...

CAROLINE.

Vous croyez, et quoi donc ?

DURMONT.

Que Fabrice est jaloux.

CAROLINE.

Ah ! monsieur, quelle idée.

DURMONT.

Elle est très-vraisemblable.

Tout-à-l'heure il m'a dit, en me mettant à table...

CAROLINE.

Il a dit ?

DURMONT.

Qu'il était prêt de vous épouser.

CAROLINE.

Quoi, monsieur ! un moment vous avez pu penser.
Qu'on peut, auprès de vous, s'occuper de Fabrice ?
Votre amitié devrait avoir plus de justice.

DURMONT, *s'approchant de l'oreille de Caroline.*
J'aime à n'en croire rien.

(*s'appercevant qu'Edouard écoute.*)

Il écoute : va-t-en.

EDOUARD.

Où voulez-vous que j'aille ?

DURMONT.

Et mais, apparemment,

Nous chercher du dessert.

EDOUARD.

J'y cours, et reviens vîte.

DURMONT.

Ne te presse pas trop.

EDOUARD.

A merveille : il évite

Les témoins ; il est pris.

D

SCENE VII.
DURMONT, CAROLINE.

DURMONT.

Si je ne partais pas ,
Je pourrais vous trouver trop d'esprit et d'appas.

CAROLINE.

Vous riez ?

DURMONT.

Cela tourne à votre propre gloire.

CAROLINE.

Même en le desirant , j'aurais peine à le croire.

DURMONT.

Mais vous êtes bien loin d'en avoir le desir.

CAROLINE.

Et vous êtes plus loin encore de le sentir.

DURMONT.

Allons ; partons demain , ou je perds la partie.

CAROLINE.

Oui , je ressens pour vous certaine sympathie ;
Ce n'est pas celle , au moins , qu'éprouvent les amans.

DURMONT.

Celle qui réunit les cœurs indifférens.

CAROLINE.

Vous devinez toujours ce que je n'ose dire :
Vous avez trop d'esprit.

DURMONT.

Vous voulez me séduire ;
Je vous en avertis , cela n'est pas aisé :
Parbleu ! je suis en garde , et votre esprit rusé ,
Doit attaquer des cœurs moins fermes que les nôtres.
Je puis vous défier ; j'en ai bravé bien d'autres.

CAROLINE.

Moi , je voudrais soumettre à mes faibles appas
Celui qui hait mon sexe , et ne s'en cache pas ;
A qui , peut-être même , en secret méprisée ,
Je suis prête à servir de fable et de risée.

DURMONT, *commençant à se troubler.*

C'en est trop, je vous prie, et laissons ces discours :
Buvons.

CAROLINE.

Vous ne pouvez pas boire à vos amours.

DURMONT.

Non.

CAROLINE.

Parlons de la paix.

DURMONT.

Dans le siècle où nous sommes,
La paix n'est nulle part, où se trouvent les hommes.
Parlons plutôt de guerre.

CAROLINE.

Oh! cela fait horreur.

DURMONT.

De quoi parlerons-nous ?

CAROLINE.

Vous auriez de l'humeur,
Si j'osais devant vous, parler encore des femmes.

DURMONT, *s'approchant de l'oreille de Caroline.*

Je crains, auprès de vous, de haïr moins les dames.

(*à part.*)

Demain, dans mon château...

CAROLINE.

Vous me faites rougir.

DURMONT.

De plaisir, sans doute ?

CAROLINE, *à Fabrice.*

On rougit de plaisir.
Avant de vous quitter, car mon devoir m'appelle,
Je veux vous faire entendre une chanson nouvelle.

CHANSON.

(*La musique est de la citoyenne* CANDEILLE.)

Lisis avait de la jeunesse,
De l'esprit, de la politesse,
Les belles qu'il savait charmer
Lui disaient d'un air agréable.

Lisis, Lisis, il faut savoir aimer,
Tandis qu'on est aimable ;
Lisis, il faut savoir aimer,
Tandis qu'on est aimable.

Mais la triste philosophie,
Devient la règle de sa vie :
Il craint de se laisser charmer,
Et fuit tout objet agréable.
Celui qui ne veut pas aimer,
N'est pas long-tems aimable.

Indifférent dans sa jeunesse :
Lisis aima dans sa vieillesse ;
Mais celle qui sut le charmer,
Ne put le trouver agréable.
Lisis, il n'est plus tems d'aimer,
Quand on n'est plus aimable.

S C E N E   V I I I.

D U R M O N T, *seul.*

Perfide ! je le sens, tu viens m'assassiner ;
Mon lâche cœur t'excuse, et veut te pardonner :
C'est en vain, contre toi, que ma raison s'irrite ;
Je ne puis triompher, mais je prendrai la fuite.

S C E N E   I X.

D U R M O N T, E D O U A R D, *apportant le dessert.*

D U R M O N T.

Edouard ?

E D O U A R D.

Me voilà !

D U R M O N T.

Mes chevaux.

E D O U A R D.

Le dessert.

D U R M O N T.

Des chevaux !

E D O U A R D.

Voulez-vous que j'ôte le couvert ?

DURMONT.
Que tout pour mon départ, soit prêt avant une heure.
EDOUARD.
Vous partez ?
DURMONT.
Quoi ! veux-tu qu'en ces lieux je demeure,
Que je m'expose encore à ses trompeurs attraits,
Et que je l'aime enfin, autant que je la hais ;
Mon compte, à l'instant même.
EDOUARD.
Oh ! la fâcheuse aventure !
Cela prenait pourtant une bonne tournure.

SCENE X.
DURMONT, seul.

Je partirai ; j'en sens un mortel déplaisir :
Eh bien, c'est pour cela qu'il convient de partir.
O sexe, que sans art l'instinct enseigne à feindre,
C'est lorsque vous plaisez, qu'il faut sur-tout vous craindre!

SCENE XI.
DURMONT, FABRICE.

Est-il bien vrai, monsieur, vous allez nous quitter ?
DURMONT.
Oui.
FABRICE, à part.
C'est un grand malheur... qui devrait me charmer ;
(haut.)
C'est un rival de moins. La douleur est extrème,
Lorsque l'on voit partir la personne qu'on aime.
DURMONT.
Elle m'aime, dis-tu ?
FABRICE.
Je ne dis pas cela.
(à part.)
Et je parlais pour moi. Mon dieu, comme il y va ;
Il est grand tems qu'il parte.

DURMONT.

Et mon compte , est-il prêt ?

FABRICE.

Pas encor.

DURMONT.

Hâte-toi.

FABRICE.

Caroline le fait.

DURMONT.

Et pourquoi me parles-tu toujours de Caroline ?

FABRICE, *à part.*

Je n'en parlerai plus. Mon malheur se termine ,
Trève à ma jalousie : ah ! ne jurons de rien ;
S'il part , un autre aussi peut revenir demain.

SCENE XII.

DURMONT , *seul.*

De son dépit , l'amour ne sera pas la cause ;
Mais la vanité souffre , et c'est bien quelque chose.
La coquette punie , en voulant captiver ,
Doit partager les maux qu'elle fait éprouver.
Edouard ? Dieu ! la voici. Faut-il que je demeure ?
C'est la dernière épreuve , et je pars dans une heure.

SCENE XIII.

DURMONT , CAROLINE , *tenant un papier à la main.*

DURMONT.

Caroline, est-ce moi qu'en ces lieux vous cherchez ?

CAROLINE.

Monsieur.

DURMONT.

Que voulez-vous ?

CAROLINE.

Pardonnez.

DURMONT.

Approchez.

CAROLINE.

Vous avez, m'a-t-on dit, demandé votre compte ?
Le voici.

DURMONT.

Je vous sais très-bon gré d'être prompte
A l'apporter.

CAROLINE.

Je fais mon devoir d'obéir.

DURMONT.

Sans doute, on vous a dit que je devais partir ?

CAROLINE.

Il est vrai.

DURMONT.

Vous comptiez m'enchainer par vos charmes ?
Caroline, vos yeux sont humides de larmes.

CAROLINE.

Est-ce donc que je pleure ?

DURMONT.

Oh! ce n'est pas pour moi.

CAROLINE.

On pleure quelquefois, sans trop savoir pourquoi.

DURMONT.

Si c'était de l'amour.

CAROLINE.

Il faudrait le contraindre.
Ce n'est pas vous, monsieur, qui daigneriez me plaindre.

DURMONT.

Non, rien ne saurait plus retarder mon départ.

CAROLINE.

Si-tôt ?

DURMONT.

Je crains encor d'être parti trop tard.

(il examine le mémoire.)

Donnez-moi ce papier. Il faut être équitable,
Vingt écus pour mes gens, six chevaux, et ma table;
En trois jours, c'est trop péu.

CAROLINE.

Vous devez vingt écus ;

Le mémoire est exact ; il ne faut rien de plus.

DURMONT.

Sur ce mémoire-là , ma surprise est extrême ;
Je ne vois point ce mets...

CAROLINE.

Que j'apprêtai moi-même ?
On est heureux des soins qu'on prend pour ses amis ,
Et ce n'est pas à l'or d'en acquitter le prix.

DURMONT.

Je veux l'acheter cher.

CAROLINE.

Que monsieur me pardonne ;
Mais je ne vends jamais les plaisirs qu'on me donne.

(*Edouard traverse le théâtre en bottes fortes , et le
fouet à la main.*)

EDOUARD.

Les chevaux sont tout prêts , et je prends les devans.

CAROLINE.

C'en est trop , je succombe à mon saisissement.

(*elle tombe évanouie sur un fauteuil.*)

DURMONT.

Elle se trouve mal ! Amante malheureuse !
J'ai pu vous accuser d'être fausse et trompeuse !
Ma chère Caroline , ouvrez ces yeux charmans ,
Et lisez dans les miens ce que pour vous je sens.
Est-ce bien moi qui parle ? il y va de sa vie ;
C'est pour moi, pour moi seul qu'elle est évanouie.
Non , je ne serai pas la cause de son trépas ;
Caroline , vivez ; je ne partirai pas.
Elle ne m'entends plus : des secours au plus vîte.
Edouard , Fabrice , tous ! Je vole à leur poursuite.
Bel ange,.. je reviens...

(*il sort.*)

SCENE XIV.

CAROLINE, *seule.*

Voici le coup de grace ;
Si l'on peut faire mieux , que quelqu'autre le fasse.
J'ai-vaincu son humeur et son inimitié ;
L'amour prend dans son cœur , le nom de la pitié.
Mon sexe , peu puissant pour qui saurait le craindre ,
Est vraiment dangereux lorsqu'il paraît à plaindre.
Quand notre charme aux cœurs , devient déjà fatal ,
Alors , pour être au mieux , il faut se trouver mal.
Une femme est bien forte , avec une faiblesse !
Mais c'est trop m'occuper de ruse et de tendresse ;
Partons , car notre amant va pour me secourir ,
Suivi de tous ses gens , dans sa chambre accourir.
Je ne veux plus avoir de faiblesse pareille ;
Et puisqu'il est blessé , je me porte à merveille.

(*elle sort.*)

SCENE XV.

DURMONT , FABRICE.

DURMONT.

Caroline se meurt ; accourez sur mes pas.

FABRICE.

Qu'entends-je ! où donc est-elle ?

DURMONT , *montrant le fauteuil où était Caroline.*
Et ne la vois-tu pas ?

FABRICE.

Je cherche et ne vois rien. Vous vous moquez , je pense.

DURMONT , *s'appercevant que Caroline est sortie.*
On a , pour l'entraîner , prit mon instant d'absence :
Allons , courons , cherchons ; et , calmant son effroi ,
Dites-lui tous de vivre , et de vivre pour moi.

Fin du second Acte.

E

ACTE III.

SCENE PREMIERE.
CAROLINE, FABRICE.

FABRICE.

Vous avez abusé de ma persévérance ;
Je ne veux pas plus loin , porter la patience.
Mademoiselle , enfin , il faut prendre un parti,

CAROLINE.

Comment ?

FABRICE.

De votre humeur , j'ai trop long-tems pâti.
Chérissez-vous Durmont ?

CAROLINE.

Fabrice me soupçonne :
Je ne m'abaisse point à détromper personne.

FABRICE.

Non , non , n'espérez pas , par un air de fierté ,
Cacher à mes regards votre infidélité.

CAROLINE.

Fabrice , écoutez-moi : je sens que je vous aime ;
J'ai , de vous affliger , une douleur extrême :
Mais quoique vous voyiez , avant la fin du jour ,
N'en croyez pas vos yeux , croyez-en mon amour.
Plus je vous paraîtrai légère , inconséquente ,
Mieux je vous servirai , plus je serai contente.

FABRICE.

Monsieur Durmont m'a dit...

CAROLINE.

Peut-être a-t-il raison :
Mais quand j'aurais voulu jouer monsieur Durmont ,
Et suivre à votre égard les volontés d'un père ,
Votre conduite ici , gâterait votre affaire ;
Je vous en avertis.

FABRICE.

Déjà tout était prêt
Pour son départ : il reste ; il a l'air satisfait :
Mes soupçons sont fondés , et quoiqu'il en puisse être ,
S'il demeure , je pars.

CAROLINE.

Vous en êtes le maître.

SCENE II.

CAROLINE , *seule.*

Il se plaint quand j'étais prête à le rendre heureux ;
L'ingrat !... pourtant je l'aime et remplirai ses vœux.
Toujours de l'épouser , j'eus le projet sincère ;
Mais encore une épreuve , et s'il se désespère ,
Fabrice , pauvre ami ! j'en ai pitié , je crois.
Tous ces messieurs , sont faits pour servir sous nos lois ;
A nos pieds , c'est leur place : et cet homme intraitable ,
Ce Durmont , de mon sexe adversaire implacable ,
Je l'ai réduit au point , (ah ! long-tems j'en rirai) ,
Qu'il est prêt d'en passer par-tout où je voudrai :
Mais c'est par trop facile , et c'est vraiment dommage ;
Messieurs , pour notre honneur , résistez davantage.

SCENE III.

DURMONT, CAROLINE.

DURMONT , *parcourant le théâtre d'un air égaré.*
Je la cherche par-tout : ah ! mes efforts sont vains ;
Je ne la trouve pas. O combien je la plains !
De mille adorateurs , la tendresse empressée ,
Par sa froide raison , est long-tems repoussée :
Et quand je parais , moi , qui ne fait pas ma cour ,
La voilà qui s'enflamme , et qui se meurt d'amour :
Des caprices du cœur , effet prompt et terrible.
Mais pourquoi m'aimer , moi , qui veux être insensible ?

CAROLINE

Je vous croyais parti...

DURMONT.

C'est elle ! oui vraiment.

CAROLINE.

J'étais déjà rentrée en mon appartement.

DURMONT, *à part, la fixant.*
(*haut.*)

Elle a fort bon visage. Oui, l'heure était fixée :
Je partais ; mais l'état où je vous ai laissée
Tantôt... votre faiblesse... enfin...

CAROLINE.

Soins superflus.
Ce mal m'avait pris, pour ne me reprendre plus.

DURMONT.

De ce mal, j'ai bien peur d'avoir été la cause.

CAROLINE.

En effet, il pourrait en être quelque chose.

DURMONT.

Est-il possible ?

CAROLINE.

Oui.

DURMONT.

Chère Caroline ! quoi !

CAROLINE

J'en dis trop.

DURMONT.

Achevez.

CAROLINE.

C'est mon secret à moi.

DURMONT.

Vous voulez me fâcher.

CAROLINE.

A quoi bon cette peine :
Peut-on, contre mon sexe, augmenter votre haine ?

DURMONT.

Ah ! si c'était Fabrice.

CAROLINE.

Après : il est permis
De faire accueil à ceux qui sont de nos amis.

DURMONT.

Non, madame.

CAROLINE.

Comment !

DURMONT.

Pour moi , si j'étais femme ,
Je ne pourrais souffrir les langueurs et la flamme
De ceux de qui l'amour banal et familier ,
Rend, sans contrainte , hommage à votre sexe entier.

CAROLINE.

Monsieur , votre rigeur ici me semble extrême :
Est-il donc défendu de chérir qui nous aime ?

DURMONT.

Madame , absolument.

CAROLINE.

En suivant vos avis ,
Il ne faut donc aimer...

DURMONT.

Quoi ?

CAROLINE.

Que nos ennemis.

DURMONT.

Justement : ce sont eux dont l'hommage est sincère.
Un homme né farouche , et dont l'humeur sévère
Ne fléchit que pour vous, vous aime d'autant plus ,
Qu'il fait , pour vous haïr , des efforts superflus.
Sa honte le retient , mais son amour l'emporte ;
Sa raison vous combat ; votre grace est plus forte.
Vous régnez, malgré lui , dans son cœur irrité.

CAROLINE.

Je sens qu'un tel amour flatte la vanité ,
Mais il doit encore plus blesser la conscience.
Qui voudrait sur un cœur régner par violence ?

DURMONT.

Eh , quoi donc ! par l'amour règne-t-on autrement ?
Est-ce pour son plaisir que l'on devient amant ?
Et si je cède enfin au pouvoir de vos charmes ,
N'est-ce pas malgré moi que je vous rends les armes ?
Et ne donnerais-je pas titres , crédit , argent ?
Pour vous revoir encor d'un œil indifférent ?

CAROLINE.

Mais quel discours !

DURMONT.

Pourquoi nous tromper davantage ?
Nous nous aimons, vous dis-je. Ah, le maudit voyage !
Malheureux ! Qui l'eût dit ?

CAROLINE.

Oh ! j'en gémis tout bas.

DURMONT.

Moi tout haut.

CAROLINE

Le mal vient lorsqu'on n'y songe pas.

DURMONT.

Adieu donc ma sagesse et ma philosophie.

CAROLINE.

Adieu ma résistance et mon anthipatie.

DURMONT.

Nous allons des amans répéter les discours.

CAROLINE.

Jurer avec transport de nous aimer toujours.

DURMONT.

Hélas ! oui.

CAROLINE.

Quel revers ! Couple tendré et fidéle,
Les amans vont par-tout nous citer pour modèle.

DURMONT.

Adieu notre raison, notre cœur l'égara.

CAROLINE.

L'amour nous la ravit, l'hymen nous la rendra.

DURMONT.

Mais qu'entendez-vous donc par l'hymen ? quel langage !

CAROLINE.

C'est très-clair : par l'hymen j'entends le mariage.

DURMONT.

Vous avez tort : pourquoi vouloir vous abuser ?
Moi je ne prétends pas du tout vous épouser.

CAROLINE.

Que prétendez-vous donc ? me prendre pour maitresse ?
Trop crédule, j'ai pu croire à votre tendresse ;

Vous me donnez, monsieur, de bien dures leçons.
Je vous quitte.

DURMONT.

Arrêtez !

CAROLINE.

C'est trop souffrir d'affronts ;
Je veux fuir.

DURMONT.

Un moment.

CAROLINE.

Je croyais être aimée.

DURMONT.

Vous l'êtes.

CAROLINE.

Je devais du moins être estimée ;
Et vous me proposez....

DURMONT.

Je vous offre mon cœur.
Il peut, sans la raison, se choisir un vainqueur.
Dans l'amour, la beauté de notre choix dispose ;
Mais l'hymen, croyez-moi, demande une autre clause.

CAROLINE.

Eh, oui, dans la fortune il veut l'égalité.
Malheureux le mortel du sort déshérité,
Qui choisit pour l'objet d'une flamme importune
Celle dont il lui faut recevoir la fortune !
Personne mieux que moi, monsieur, ne sent cela.
Eh bien ! je me résigne à tout ce malheur-là :
Je tiendrai tout de vous.

DURMONT.

La tournure est plaisante.
Le malheur d'accepter vingt mille écus de rente !

CAROLINE.

Par ce dernier trait-là mon penchant déclaré....

DURMONT.

Allons, de l'enrichir il faut lui savoir gré.
Je vous aime, ce mot doit lever tous mes doutes.
Après une folie on peut les faire toutes.
Je vous épouserai.

CAROLINE.

Le motif est galant.

DURMONT.

Je puis faire l'amour, mais pas un compliment ;
C'est assez d'être fou sans être ridicule.
Quand la noce ?

CAROLINE.

Monsieur, il me vient un scrupule.

DURMONT.

Il est bien tems.

CAROLINE.

Tantôt vous lûtes un billet,
Dont vous avez alors paru peu satisfait.
Un de vos bons amis vous offrait une femme.

DURMONT.

Oui ; mais je ne puis pas en prendre deux, madame ;
Et puisque j'ai tant fait de vous donner ma foi,
L'autre peut voir ailleurs, et se passer de moi.

CAROLINE.

Encor faut-il répondre.

DURMONT.

On va vous satisfaire.

(*il écrit et lit.*)

» La folie étant faite, elle n'est plus à fa ire.
» J'épouse Caroline, et j'en suis très-épris.
» Que le ciel d'un tel sort préserve mes amis ».

(*Il dit.*)

C'est clair.

CAROLINE.

Assurément. Voulez-vous bien permettre
Que ma main à mon tour déchire cette lettre,
Indigne de celui que je prends pour-époux ?

DURMONT.

Comment donc !

CAROLINE.

Attendez, moi j'écrirai pour vous.
Vous signerez sans voir.

(*Elle se met devant la table pour écrire.*)

DURMONT.

Cependant.

CAROLINE.

Je l'exige.

DURMONT.

Je ne sais où j'en suis ; cela tient du prodige.
Je sens qu'elle m'opprime , et ne puis dire un mot :
Tout en le sachant bien , j'obéis comme un sot.

CAROLINE.

Comme un amant, monsieur. Une personne aimée
Doit sur-tout d'un ami chérir la renommée.
Voudrais-je que l'époux dont je reçois les loix ,
Par sa brutale humeur déshonorât mon choix ?
Je prétends que son style ait de la politesse.

DURMONT.

Vous m'aimez donc beaucoup ?

CAROLINE.

Tyran !

DURMONT.

Que d'allégresse !

CAROLINE.

Bien.

DURMONT.

Je suis enchanté.

CAROLINE.

Vous le devez , je crois.

DURMONT.

De vous savoir , au moins , aussi folle que moi.
Ça console.

CAROLINE.

Signez ce que je viens d'écrire.

DURMONT.

J'y consens.

CAROLIRE.

Vite : allons.

DURMONT.

Il faut d'abord le lire.

CAROLINE.

Le lire ! ne peut-on s'en rapporter à moi ?

F

DURMONT.

Vous ?

CAROLINE.

Avoir un soupçon contre ma bonne-foi !

DURMONT.

Un seul mot.

CAROLINE.

Non , non , rien.

DURMONT.

Daignez au moins entendre.

CAROLINE.

Vous ne méritez pas une femme si tendre.

DURMONT.

Allons , signons sans voir. Cependant... j'ai souscrit...

(*Il signe et cachète la lettre.*)

CAROLINE , *lui présentant une lettre.*

L'autre.

DURMONT.

Comment donc l'autre ! et pourquoi deux écrits ?

CAROLINE.

L'un est l'original , et l'autre est la copie :
L'un et l'autre contient une lettre polie ,
Pour apprendre à Belfort , qu'ici par d'autres nœuds ,
Vous ne pouvez ailleurs faire entendre vos vœux ,
Et que , quelques attraits qu'ait sa belle cousine ,
Votre cœur , sans retour , a choisi Caroline.
L'un de ces deux papiers va partir à l'instant ;
L'autre reste en mes mains , comme un gage constant
D'un triomphe aussi cher , et de la préférence
Que l'amour une fois obtient sur l'opulence.

DURMONT.

Signons encor , parbleu ! je ne refuse rien.

CAROLINE.

Vous vous formez , vous dis-je , et vous conduisez-bien.
Avouez cependant , qu'avec un peu d'adresse ,
Une femme finit par être la maîtresse ,
Fléchit le plus farouche , et trompe le plus fin ?
Vous plaire et vous aimer , voilà mon seul dessein.
Mais si j'avais voulu jouer la comédie ?

DURMONT.

L'entreprise, parbleu! me paraîtrait hardie.

CAROLINE.

Elle est possible. Ainsi, supposons un moment.
Voyez jusqu'à quel point vous fûtes imprudent.
Vous êtes amoureux, et de qui? d'une hôtesse!
Et vous, qui de l'amour méprisant la faiblesse,
Fuyez un riche hymen, comme un lien fatal,
Vous subissez le joug d'un hymen inégal.
Bien plus, à deux écrits, sans en faire lecture,
Vous apposez le scau de votre signature.
Je puis avec cela, vous mener assez loin.

DURMONT.

Rendez moi ces papiers.

CAROLINE.

Qu'en avez-vous besoin?

DURMONT.

Vous voulez me jouer.

CAROLINE.

Qui vous l'a dit?

DURMONT.

Vous-même.

CAROLINE.

Doit-on se défier des personnnes qu'on aime?
Ah! croyez-en mon cœur, et non pas mes discours;
Je n'abuserai pas du pouvoir des amours.
Plus que vous ne croyez, je chéris votre gloire,
Et vous saurez bientôt ce qu'il vous faut en croire.

DURMONT.

Je ne sais pas comment doit finir la journée;
Mais j'ai fait du chemin depuis la matinée.

SCENE IV.
DURMONT, EDOUARD, FABRICE.

EDOUARD.

Ah! pas autant que moi, qui viens encor ici.
(à Fabrice.)
Que voulez-vous?

FABRICE.

Ton maître.

EDOUARD.

Eh, parbleu ! le voici.

FABRICE, *à Durmont.*

Répondez-moi, monsieur, avec un cœur sincère.

DURMONT.

Cela doit m'être aisé, car c'est mon caractère.

FABRICE.

Vous allez décider des destins de mon cœur.
Aimez-vous Caroline ?

DURMONT.

Oui.

FABRICE, *à part.*

Ciel !

DURMONT.

Avec fureur.

EDOUARD, *à part.*

Nous ne partirons pas : cet aveu me console.

FABRICE.

Vous aime-t-elle aussi ?

DURMONT.

Sans nul doute, elle est folle
De moi. D'amour tous deux, nous avons cru mourir ;
Et nous nous épousons.

EDOUARD.

Bon moyen pour guérir.

FABRICE.

Je suis au désespoir.

DURMONT.

Bon ! quelle frénésie.

FABRICE.

Vous m'enlevez le bien, pour qui j'aimais la vie.

EDOUARD.

J'en ai vraiment pitié.

DURMONT.

Fabrice, expliquez-vous.

SCENE V.

LES PRÉCÉDENS, CAROLINE, *au fond du théâtre.*

CAROLINE.

Quoi! je vois réunis ma dupe et mon jaloux.
Bon.

FABRICE.

Dans l'âge heureux, qui, fait pour la tendresse,
Tient encor à l'enfance, et touche à la jeunesse,
J'entrai dans cet hôtel; Caroline, au berceau,
Attira mes regards par un charme nouveau.
Déjà se faisait voir sa grace naturelle;
Pour partager ses jeux, j'étais enfant comme elle :
Je ne la quittais pas; c'était moi dont la main,
De ses pas chancelans fut le premier soutien :
Et Caroline, à qui ma présence était chère,
Nomma Fabrice, après avoir nommé sa mère.
A sa beauté, le tems ajoutait chaque jour;
L'amitié qui croissait, fut bientôt de l'amour :
Et sa main et sa foi me furent destinées.
Je perds en un moment l'espoir de vingt années.
Plaignez le malheureux à qui vous ôtez tout.

CAROLINE, *à part.*

Il m'attendrit.

DURMONT.

Te plaindre ! et mon Dieu, point du tout.
Tu perds une maîtresse : ô la grande infortune !
On en retrouve cent, lorsqu'on en perd une.

FABRICE.

Non, mes premiers penchans sont mes derniers amours.

DURMONT.

Combien je porte envie à la paix de tes jours !
Tu vas donc retrouver la liberté chérie,
Que j'aurais dû garder le reste de ma vie !
Tandis qu'à Caroline, adressant tous mes vœux,
Je vais en l'adorant, enrager d'être heureux,

Ton repos est certain , le mien a tout à craindre ;
Et les amans aimés , sont les seuls qu'il faut plaindre.

FABRICE.

C'en est fait , je la perds. Quand un nouveau retour ,
Rapporterait vers moi ses vœux et son amour ,
Puis-je accepter encor la main d'une personne ,
Dont le cœur tour-à-tour se retire et se donne ?
Qu'un seul espoir , du moins , me reste en vous quittant :
Chérissez-là toujours ; que cet objet charmant
Retrouve en vous , ces soins , et ce bonheur suprême ,
Qu'il m'eût été si doux de lui donner moi-même.
Adieu donc , pour jamais !

CAROLINE.

Cher Fabrice , arrêtez.

FABRICE.

Monsieur reste , et je pars.

CAROLINE.

Il part , et vous restez.

EDOUARD.

Vous vous êtes conduit avec beaucoup d'adresse.
J'aborde avec respect ma future maîtresse.

CAROLINE.

Sa maîtresse ! qui ? moi ?

FABRICE.

Monsieur Durmont m'apprit...

DURMONT.

Oui , j'ai tout dit , ma chère.

CAROLINE.

Eh bien ! qu'avez-vous dit ?

DURMONT.

Que nous nous épousons.

CAROLINE.

J'entends la raillerie ;
On sait qu'il n'en est rien.

DURMONT.

Plus de plaisanterie.

FABRICE.

Monsieur vous aime.

CAROLINE.

Hélas ! je suis de bonne-foi ;
Si vous saviez...

FABRICE.

Après.

CAROLINE.

Il s'est moqué de moi.
Vous ne connaissez pas ces ennemis des dames.
Comme il sait se jouer de l'adresse des femmes !
On parle, il est distrait ; on pleure, il rit tout bas :
Si l'on se trouve mal, il n'y regarde pas.

DURMONT.

Et quoi donc, vous feignez quand vous versiez des larmes ?
Et lorsqu'un froid mortel faisait pâlir vos charmes,
Ce n'était-là qu'un jeu fait pour me tourmenter ?

CAROLINE.

Il le sait mieux que moi, lui qui feint d'en douter.

DURMONT.

Ma lettre pour Belfort.

CAROLINE.

Ell n'est point partie.
Je n'ai point jusques-là, poussé la raillerie.
(à Fabrice.)   (à Durmont.)
Lisez... Vous entendrez quelques sages avis,
Qui d'un esprit sensé doivent être accueillis.
Vous y verrez qu'au fond je ne suis pas méchante ;
Je conseille fort bien les gens que je tourmente.

FABRICE, *lit.*

« A monsieur de Belfort.
» J'accepte, avec reconnaissance, la main de mademoi-
» selle de Foret ; il faut se marier tôt ou tard, et en refu-
» sant de faire aujourd'hui un bon mariage, je pourrais faire
» un jour un mariage ridicule. Je suis corrigé de ma misan-
» tropie par les soins de Caroline, maîtresse de l'hôtel où
» je suis logé. Quelques personnes la trouvent jolie, je ne
» crois pas m'en être apperçu ; mais si elle ne m'a point
» donné d'amour, elle m'a donné de fort bonnes leçons.
» Adieu, mon cher Belfort ; je vous embrasse. »

L'écrit est bien signé *Durmont*, daté Francfort.

EDOUARD.

Le style est surprenant.

FABRICE.

Le style me plaît fort.

EDOUARD.

Vous ne répondez rien, mon cher maître ?

DURMONT.

Traîtresse !

CAROLINE.

Je dis ¡ lus ; si monsieur m'aimait avec tendresse,
Il ne pourrait souffrir qu'un autre obtînt ma foi
En sa présence.

FABRICE, *à part.*

Il peut être question de moi.

CAROLINE.

Fabrice était l'époux qu'avait choisi mon père :
J'ai tardé d'acquitter une dette si chère.
Rien ne m'arrête plus, et monsieur, de sa main,
Signa comme témoin, un écrit qui demain
Lie à jamais mon sort au destin de Fabrice.

(*elle donne l'écrit à Fabrice.*)

Fabrice est-il content ?

FABRICE.

Un acte de justice !

CAROLINE.

Moi, je la rends toujours.

FABRICE, *à part.*

Mais peut-être trop tard.

CAROLINE, *à Durmont.*

Rien ne peut retarder, je crois, votre départ.

DURMONT.

Non, je te sais bon gré de tant de perfidie,
Elle assure à jamais le repos de ma vie.
J'ai cru haïr ton sexe, hélas ! je me trompais :
Aujourd'hui, seulement, je sens que je le hais,
Du moment que ton ame entièrement connue,
Dans toute sa noirceur s'est offerte à ma vue.

Oui , je suis sûr de moi : je brave désormais ,
Tout ce qui peut séduire , esprit , graces , attraits ;
Je me dirai toujours : ces graces sont contraintes ,
Ce souris est amer , et ces larmes sont feintes.
Toi , Fabrice , pour qui je me vois outragé ,
Tu l'épouses : adieu , je suis assez vengé !

(tl sort.)

EDOUARD.

Je n'ai plus qu'à songer au salut de mon ame ,
Puisqu'il me faut , hélas ! vivre et mourir sans femme !

SCENE VI.

CAROLINE, FABRICE.

CAROLINE.
Auriez-vous cru si-tôt devenir mon époux ?

FABRICE.
Mais cela n'est pas fait.

CAROLINE.
Comment ! j'ai signé.

FABRICE.
Vous ?

Fort bien : moi , non.

CAROLINE.
Après ?

FABRICE.
C'est que je deviens sage.
Vous avez plus d'esprit qu'il n'en faut en ménage.
Ce matin , pour répondre aux vœux de mon amour ,
Vous me demandiez du tems , j'en demande à mon tour.
Vous me disiez tantôt que vous étiez coquette ;
Je vous épouserai , quand vous serez parfaite.

(il sort.)

SCENE VII ET DERNIERE.

CAROLINE, seule.

J'ai tendu des filets ; j'y suis prise moi-même.
En me moquant d'un fou , je perds l'amant que j'aime :
L'amour me punit trop ; et je sens aujourd'hui ,
Que le cœur perd toujours en jouant avec lui !

FIN.

CATALOGUE

Des pièces de théâtre qui se trouvent chez le même Libraire.

TRAGÉDIES.

Abdélazis et Zuleima, de Murville.
Abufar, de Ducis, en 4 actes.
Agamemnon, Lemercier.
Epicaris et Néron, en 5 actes.
Fénélon, de Chénier, 5 actes.
Geneviève de Brabant.

Manlius Torquatus.
Marius a Minturne.
Ophis, par l'auteur d'Agamemnon.
Othello, de Ducis.
Thénaïs et Zélisca.
Thimoléon, de Chénier.

COMÉDIES.

Abbé (l') de l'Epée, de Bouilly, en 5 actes.
Adélaïde de Bavières, en 3 act.
Alceste à la campagne, Demoustier.
Ami (l') du peuple, en 3 a. en vers.
Ami à l'épreuve, en un acte.
Amis (les) des loix, de Laya.
Arrivée (l') du maître, de Dumaniant.
Artistes (les), en 4 actes, Collin-d'Harleville.
Banquier (le), en 3 actes.
Cadet-Roussel, ou le café des aveugles.
Cadet-Roussel (mort de)
Cadet-Roussel Barbier.
Cadet-Roussel maître de déclamation.
Cadet-Roussel, misantrope.
Café d'une petite ville, en 1 acte, en vers.
Canardin, ou les amours du quai de la volaille, parade.
Catherine, ou la belle fermière.
Château (le) des Appennins ou le fantôme.
Chevalier Noir (le), drame en 3 act.
Concilliateur (le), de Demoustier, en 5 actes en vers.
Conteur (le), ou les deux postes, en 3 actes.
Châteaux (les) en Espagne, de Collin-d'Harleville.
Claudine de Florian, 3 act.
Coelina ou l'enfant du mystère, 3 actes.
Commissionnaire (le) ou Cange.
Cordonnier (le) de Damas.
Crac dans son petit castel, en un acte, en vers, de Collin.
Crimes (les) de la noblesse.
Défiances et malice, en 1 acte.

Désespoir de Jocrisse, de Dorvigny.
Deux font la paire.
Deux mères, (les) 1 acte.
Divorce (le), par Demoustier.
Double assaut, en 1 acte.
Dragons (les), de Pigault.
Dragons en cantonnement, id.
Ecoles (l') des jeunes femmes, de Collin-d'Harleville.
Empirique (l'), de Pigault.
Fausse (la) mère, en 3 act.
Femmes (les) en 3 actes, en vers de Demoustier.
Foux (les) hollendais, ou l'amour aux petites maisons.
Frères (les 2), de Patrat, en 4 act.
Henri et Périne, de Dumaniant, en 1 acte.
Homme (l') à trois visage.
Hommes (les) et les Femmes, en 3 actes, de Cuvelier.
Inconstant, (l') de Collin.
Isaure et Gernance, de Dumaniant.
Intérieure (l') des comités révolutionnaires.
Intrigans, (les) de Dumaniant.
Intrigue (l') épistolaire, 5 actes.
Jaloux (le) malgré lui.
Je cherche mon père.
Jeune (la) hotesse.
Jocrisse changé de condition.
Jocrisse congédié, de Dorvigny.
Jodelet, de Dumaniant.
Jugement de Salomon.
Kiki, ou l'île imaginaire, folie en 3 actes.
Kosmouck, ou les Indiens en Angleterre, en 5 actes.
Laure et Fernando, en 4 act.
Lidya-Seymours, melodr., en 3 a.
Lovelace français.
Madame Angot au sérail.
Maison (la) de prêt, en 3 actes.

Mariniers de Saint-Cloud.
Mari (le) coupable.
Mariage (le) de Jocrisse.
Marquise (la) de Pompadour.
Minuit, de Desaudras.
Mœurs du jour, en 5 actes.
Naufrage, (le) ou les héritiers.
Niais de Sologne.
Nitouche et Guignolet, en 1 acte, de Dorvigny.
Nourjahad et Chérédin, en 4 act. en prose
Orpheline, (l') de Pigault.
Pacha (le) de Suresne, 1 acte.
Paix, (la) de Aude, en 3 actes.
Partie de chasse de Henri IV, n. édit.
Paméla, en 5 actes, en vers.
Perruque (la) blonde, Picard.
Petit Mensonge, (le) 1 acte.
Préjugé (le) vaincu.
Provinciaux (les) à Paris, en 4 act. de Picard.

René Descartes, de Boully.
Rivaux (les) d'eux-mêmes.
Robert, chef des brigans.
Roland Monglave.
Rosa ou l'hermitage du torren
Roséline ou le château de Tor
Ruse déjouée, de Dumaniant.
Secret découvert, Dumaniant.
Sérail du Grand Mogol, 3 acte
Sourd (le) ou l'auberge pleine.
Souper (le) des Jacobins.
Souper (le) imprévu, ou le noine de Milan.
Tribunal invisible, 3 actes.
Tribunal redoutable, suite de bert.
Vengeance (la), de Patrat.
Victimes (les) cloîtrées.
Veuve (la) du républicain.
Victor ou l'enfant de la foret.
Vieux (le) célibataire, de Col d'Harleville.

O P É R A.

Ambroise, de Monvel, 2 act.
Anacréon chez Policrate.
Aveugles (les) de Franconville, 1 a.
Bénouski, de Duval, 3 act.
Deux journées, Boully.
Duel (le) de Bambin, de Dumaniant.
Entresol (l').
Epreuve (l') du républicain.
Faux (le) monnoyeur.
Gulnare, de Marsollier.
Léonore, ou l'amour conjugal.
Lui-même, en un acte.
Maison (la) isolée.
Mari d'emprunt, en 1 acte.
Montano et Stéphanie, 3 actes.
Mélidor et Phrosnie.
Odoiska, ou les tartares.

Oncle (l') et le valet, Duval.
Owinska, en 3 actes.
Pauvre (la) femme.
Pierre le Grand, de Bouilly.
Prisonnière (la), en 1 acte.
Raoul barbe bleue, de Sédaine.
Raoul, sir de Créquy, de Monv
Sargines, de Monvel.
Sophie et Moncar, de Guy.
Stratonice, en 1 acte.
Trente et Quarante, Duval.
Une matinée de Catinat, ou bleu, de Marsollier.
Venzel, ou le magistrat.
Visitandines, (les) de Picard.
Zoé, ou la pauvre petite.
Zoraïme et Zulnare.

V A U D E V I L L E S.

Amans (les) prothée.
Amours (les) de M. Jaquinet.
Assemblées (les) primaires.
Avare (l') et son ami, par Radet et Rabauteau.
Aveugles (les) mendians, en 1 act. de Léger.
Banqueroute du Savetier, en 1 act. de Martainville.
Berquin, en 1 acte.
Billet de logement, en 1 acte.
oites (les) du camp de Grenelle.
adet Roussel aux Champs-Elisées, ou la colère d'Agamemnon.

Cacaphonie, (la) ou la paix.
Champs (le) de Mars.
Chasse (la) aux loups.
Chaudronier (le) de Saint-Flour.
Concert (le) Champs-Elysées, 1
Cri-cri, ou le mitron de la rue l'Oursine, par l'auteur des de Jocrisses.
Christophe Morin, en 1 acte.
Danse (la) imterrompue, de Ba et Ourry, en 1 acre.
Déguisement villageois.
Désirée, ou la paix au village,
Etienne Moras et Nanteuil.

www.ingramcontent.com/pod-product-compliance
Lightning Source LLC
LaVergne TN
LVHW022206080426
835511LV00008B/1602